Reise durch die

SEYCHELLEN

Bilder und Texte
von Thomas Haltner

Stürtz

Erste Seite:
Typisch für die Seychellen sind die wuchtigen Granitfelsen, am Strand oder mitten in der Vegetation.

Vorherige Seite:
Der Süden von Mahé wartet mit den schönsten Stränden auf, wie hier die Anse Intendance, an der das Fünf-Sterne-Hotel Banyan Tree liegt.

Unten:
Strandspaziergang, Aktivitäten oder einfach nur im Café sitzen: Die Beau Vallon Bay ist das Zentrum des Tourismus im Norden der Insel Mahé.

Seite 10/11: Im Nordwesten von Mahé liegt der kleine Sunset Beach unterhalb des gleichnamigen Hotels. Einheimische und Besucher treffen sich zum Bad und auch zum Picknick.

Inhalt

Paradiesische Inselwelten – die Seychellen

Einer der großartigsten Strände der Seychellen ist die Grand' Anse auf La Digue. Mächtige Granitfelsen säumen die Seiten des weitläufigen Strandes, an dem man häufig auf heftige Wellen trifft und das Baden daher manchmal nicht möglich ist.

Einzigartige Granitinseln mit bis zu 900 Meter hohen Bergen, bewachsen mit den Resten eines tropischen Regenwaldes. Flache Küstenstreifen voller bizarrer Felsformationen, herrliche Palmenstrände mit puderfeinem, weißem Sand mitten im türkisblauen, warmen und sauberen Wasser. Christliche Seefahrer, welche die Seychellen im 18. Jahrhundert entdeckten, glaubten den Garten Eden, das Paradies auf Erden, gefunden zu haben. Einsame Strände und eine üppige Vegetation, ein Urlaubsparadies der besonderen Art, das sind die Seychellen auch heute noch. Der Inselstaat im Indischen Ozean ist das Land mit der kleinsten Hauptstadt der Welt und mit der größten Zahl lebender Riesenschildkröten, eines der schönsten Reiseziele weltweit. Tausend Kilometer vor der afrikanischen Ostküste und fünfhundert Kilometer südlich des Äquators im Indischen Ozean können die Inseln mit ihrem einmaligen landschaftlichen Charakter den Traum vom idealen Urlaub erfüllen. Aufgrund der abgeschiedenen Lage der Inselgruppe konnte sich eine seltene Fauna und Flora entwickeln. Allein elf Vogelarten und 75 Pflanzenarten sind endemisch und nur hier zu Hause. Ganz bewusst setzt die Regierung des Landes deshalb nicht auf Massentourismus, will die empfindliche Landschaft schützen.

Inner and Outer Islands – Innere und Äußere Inseln

Die Republik Seychellen umfasst eine Seefläche von fast 400 000 Quadratkilometern im Indischen Ozean mit 115 Inseln unterschiedlicher Größe, die bewohnbare Fläche beträgt aber nur 455 Quadratkilometer. Die 115 Inseln unterteilen sich in zwei Hauptgruppen. Die aus Granit bestehenden *Inner Islands* scharen sich haupt-

sächlich innerhalb des relativ flachen Seychellen-Plateaus vier Grad südlich des Äquators. Die tiefer gelegenen Korallenatolle und Inseln der *Outer Islands* außerhalb des Plateaus liegen zehn Grad südlich des Äquators. Zu den *Inner Islands* gehören unter anderem Mahé, Praslin und La Digue, welche die Seychellen als Urlaubsparadies bekannt gemacht haben. Zu den *Outer Islands* gehören die Amiranten-Gruppe, die Southern-Coral-Gruppe, die Alphonse-Gruppe, die Farquhar-Gruppe und letztlich die mit 1150 Kilometern von Mahé am weitesten entfernte Aldabra-Gruppe. Insgesamt gehören 43 Eilande zur Inneren Seychellengruppe, von denen 41 Granit- und zwei Koralleninseln sind. Die restlichen 72 Koralleninseln gehören zu den *Outer Islands*.

Die Inseln der Inneren Seychellen sind als Granitinseln einzigartig auf dieser Welt. Es sind Reste eines Urkontinents, der vor 400 Millionen Jahren zerbrach und zwischen den beiden auseinanderdriftenden Landplatten den Indischen Ozean entstehen ließ. Sie bestehen aus einem bergigen Kern, der mit den Resten eines tropischen Regenwaldes bedeckt ist, einem flachen Küstenstreifen mit Felsformationen und herrlichen Palmenstränden mit weißem Sand. Und das Ganze mitten im türkisblau glitzernden Wasser. Außerhalb des Seychellen-Plateaus erstrecken sich die *Outer Islands*. Sie bestehen aus 72 kleinen Sandbänken und Atollen, die 230 bis 1150 Kilometer von Mahé entfernt verteilt sind. Durch ihre Abgeschiedenheit sind sie weit weniger besucht als die Granitinseln. Diese unberührten Miniaturwelten sind manchmal kaum größer als ein kleiner Sandstreifen oder eine einsam aus dem Meer ragende Felsnase, aber gerade sie bieten den idealen Lebensraum für viele interessante Tierarten.

Nur zwei Inseln der Äußeren Inselgruppe – Alphonse und Desroches – bieten zur Zeit Unterkünfte an. Nicht nur luxuriös ausgestattete Lodges, sondern auch unvergleichliche Segel-, Angel- und Tauchaktivitäten werden hier geboten. Die übrigen Inseln der Äußeren Seychellen sind Koralleninseln, von Menschen spärlich oder gar nicht besiedelt, einige sind Vogelschutzgebiete, andere mit Kokosplantagen bepflanzt und nur zeitweise bewohnt. Die Inseln sind touristisch kaum erschlossen, weil die Anreise schwierig ist. Eine besondere Stellung nimmt das Aldabra-Atoll ein, es ist eines der spektakulärsten Atolle der Welt. Die größte bekannte Zahl von Riesenschildkröten lebt hier, neben Kolonien von Seevögeln und vielen Pflanzenarten, die nur hier vorkommen. Die UNESCO hat 1982 das Atoll in die Liste der wichtigsten Naturschätze der Erde aufgenommen. Ein Besuch ist nur mit Sondergenehmigung möglich.

Der Besuch des Wochenmarktes in der Hauptstadt Victoria ist Pflicht und lohnt besonders am Samstagmorgen, wenn alle Seychelleois unterwegs sind, um frisches Obst und Gemüse, Fisch oder Fleisch zu kaufen.

Keine Wolkenkratzer, keine Neonreklamen

Zentrum des Tourismus auf den Seychellen ist die Hauptinsel Mahé, etwa 28 Kilometer lang und bis zu acht Kilometer breit. Hier liegt die Hauptstadt Victoria mit 70 000 Einwohnern und der internationale Airport. Die Insel ist landschaftlich sehr abwechslungsreich. Im Innern mit Erhebungen bis zu 900 Metern und Beständen des tropischen Regenwaldes, an den Küsten mit vielen kleinen und größeren Traumbuchten. Victoria hat noch immer den Charme einer Kleinstadt aus der Kolonialzeit, ohne Wolkenkratzer und Neonreklamen, dafür mit einigen schönen alten Häusern und Kirchen, einem Nationalmuseum und dem Botanischen Garten. Auf dem Markt der Hauptstadt findet man alle Schätze der Seychellen, eine Vielzahl von tropischen Früchten und Gewürzen. Über die ganze Insel verstreut gibt es Hotelanlagen in allen Größen, vom Fünf-Sterne-Hotel bis zu Gasthäusern mit Familienanschluss.

Mit dem Flugzeug oder der Schnellfähre „Cat Cocos“ geht es von Mahé zum etwa 50 Kilometer östlich liegenden Eiland Praslin, der zweitgrößten bewohnten Insel der *Inner Islands* mit etwa 8000 Einwohnern und einer Reihe größerer und kleinerer Dörfer. Hier hat der Tourismus noch keine lange Tradition und die Regierung betreibt die Entwicklung sehr vorsichtig. Es gibt keine großen Hotels, sondern überwiegend Bungalow-Anlagen, zum Teil der Luxusklasse, an wunderschönen Buchten. Es ist eine Insel, die man auch erwandern kann: im Innern nur leichte Hügel und feste Wege, an der Küste lange, einsame Strände und rund um die Insel eine Autobuslinie nach festem Fahrplan, die den müden Wanderer wieder an den Ausgangspunkt zurück bringt.

Auf Praslin gibt es das Vallée de Mai, neben dem Aldabra-Atoll das zweite UNESCO-Weltnaturerbe, ein Tal mit fast 7000 Bäumen der Meeres-Kokosnuss Coco de Mer. Es ist eine besonders schlanke Palme mit geradem Stamm, die einige hundert Jahre alt und 25 bis 30 Meter hoch werden kann. Männliche und weibliche Bäume wachsen nebeneinander. Die Früchte der weiblichen Bäume sind wie ein Frauenbecken geformt und wiegen bis zu 40 Kilogramm. Der männ-

liche Baum hat einen penisartigen Blütenstand. Dem Nusskern werden eine aphrodisische Wirkung und Heilkräfte bei bestimmten Krankheiten nachgesagt. Wenige Kilometer vor der Westküste liegt die kleine Vogelschutzinsel Cousin. Hier leben und brüten einige hunderttausend Seevögel und ein paar Riesenschildkröten. Unter Führung von Vogelkundlern kann man die Insel besichtigen.

Unterwegs mit dem Fahrrad

Die viertgrößte der Inseln der Seychellen, für viele wegen der spektakulären Felsformationen und der Sonnenuntergänge die reizvollste, ist La Digue, 15 Quadratkilometer groß, mit etwa 3000 Einwohnern. Keine großen Dörfer, kaum Autos, einige Ochsenkarren als Attraktion für Touristen. Das Fahrrad ist schon ein Verkehrsmittel für Eilige, zu Fuß kann man die Insel auf festen Wegen am besten erkunden. Auf La Digue gibt es die Unterkünfte als Bungalow-Anlagen und als Guesthouses, wie man sie auch auf anderen Inseln findet. In Strandnähe mit Meeresblick oder auch mitten in tropischer Vegetation. Einzeln stehende Holzhäuser mit Wohn- und Schlafzimmer, Bad, Balkon oder Terrasse. Frühstück und Abendessen wird im Haupthaus serviert, gekocht hat die Hausfrau, die Bedienung übernimmt der Hausherr. Es ist fast Urlaub mit Familienanschluss.
Neben den großen Inseln gibt es eine Reihe kleinerer Inseln, fast immer in Privatbesitz, zum Teil nur mit Restaurationsbetrieben, zum Teil mit Luxus-Wohnanlagen für gut betuchte Gäste. Ein Beispiel dafür ist Frégate Island. In einem Naturparadies sind 16 einzelne Unterkünfte verteilt, jede mit Wohn- und Schlafvilla, mit Bädern, Terrassen und Whirlpool. Sieben Strände laden zum Baden und Tauchen ein, einer schöner als der andere. Eine Gourmet-Küche verwöhnt den Urlauber. Die Transfers und Ausflüge auf der Insel werden mit Golfwagen unternommen. Hier residiert man als Star!

Ein wenig Geschichte

Die Besiedlung der Seychellen begann in der zweiten Hälfte des 18. Jahrhunderts durch französische Siedler und ihre afrikanischen Sklaven. Um 1810 übernahmen Engländer die Herrschaft über die Inselwelt, schafften die Sklaverei ab, legten Kokosnussplantagen an und exportierten deren Erzeugnisse. 1903 wurden die Inseln englische Kronkolonie mit etwa 20 000 Einwohnern. Durch die Weltkriege gerieten die Seychellen in wirtschaftliche Schwierigkeiten, konnten nur mit finanzieller Hilfe Englands überleben und wurden 1976 unabhängig. Aber das Land kam nicht zur Ruhe, es gab mehrere Staatsstreiche und den Versuch,

eine Demokratie nach sozialistischem Vorbild wie in Osteuropa zu verwirklichen. Nach dem Zusammenbruch des Systems dort wurden auch auf den Seychellen politische und wirtschaftliche Reformen eingeleitet.
Heute ist das Land eine präsidiale Republik mit demokratischer Verfassung, hat einen gewählten Staatspräsidenten und eine Nationalversammlung mit 34 Abgeordneten. Die Einwohnerzahl beträgt etwa 87 000, fast 98 Prozent gehören der christlichen Religion an. Im Laufe der Besiedlung des Landes durch Kolonialisten und deren afrikanische Sklaven hat sich eine Bevölkerung entwickelt, die heute zu 80 Prozent dunkelhäutig ist. Die Umgangssprache ist Kreolisch, sie entspricht der französischen Lautschrift und enthält afrikanische Dialekte. Englisch ist Amtssprache, die ältere Generation spricht auch gern Französisch.
Der Lebensstandard der Bevölkerung gehört zu den höchsten im afrikanischen Lebensraum. Die Grundnahrungsmittel Fisch und Reis sind verhältnismäßig preiswert. Andere Lebensmittel und die meisten Gebrauchsgegenstände müssen aber eingeführt werden und sind in etwa so teuer wie in Europa. Es gibt eine vom Staat finanzierte allgemeine Altersrente, Arbeitslosenunterstützung und eine kostenlose Versorgung im Krankheitsfalle. Das Bildungswesen ist vorbildlich. Die Schulpflicht beträgt neun Jahre, Schulgeld wird nicht erhoben.
Wirtschaftlich hat sich die Lage des Landes in den letzten Jahrzehnten stabilisiert, unter anderem auch durch großzügige Entwicklungshilfe. Mit dem Bau des Flughafens auf Mahé im Jahre 1971 begann der Ausbau der Tourismusindustrie, die heute über die Hälfte der Deviseneinnahmen erwirtschaftet. Der Export von Fisch und Gewürzen wie Zimt, Vanille und Muskat wird in letzter Zeit gefördert, nachdem die Ausfuhr von Kopra, dem getrockneten Fruchtfleisch der Kokosnuss, wegen des Preisverfalls auf den internationalen Märkten zurückgegangen ist. Als weitere Einnahmequelle will man in Zukunft Finanzdienstleistungen anbieten und Firmengründungen von Ausländern durch Steuerbefreiungen und Zollerleichterungen möglich machen.

Klasse statt Masse

Die Einnahmen aus dem Tourismus zu steigern, ist Ziel der Regierung. Nicht durch Massentourismus, eher durch ein kleines aber zahlungskräftiges Publikum. Umweltschutz ist dabei ein wichtiges Thema. Schon zu den Zeiten englischer Kolonialherrschaft konnten im Jahre 1960 Umweltschützer zusammen mit internationalen Wissenschaftlern die Anlage von Militärbasen auf dem Aldabra-Atoll verhindern.

Der Nationalpark Baie Ternay im Westen von Mahé kann nur mit einem Ausflugsboot besucht werden. Einsame Strände und kristallklares Wasser, das sich hervorragend zum Tauchen eignet, ziehen immer wieder die Besucher an.

Die Heimat von heute über 200 000 Riesenschildkröten wurde gerettet. In den folgenden Jahrzehnten entstanden Naturschutzgebiete und Vogelschutzinseln. Vorschriften für den Bau von Hotels, von Häusern und Straßen, für die Nutzung der Süßwasserreserven, für die Entsorgung von Abfällen wurden erlassen.

Im Jahre 2008 kamen 158 952 Besucher auf die Seychellen, 21 222 davon aus Deutschland, 5268 Besucher aus der Schweiz und 3070 Besucher aus Österreich. Sie finden ein Traumziel, das mit dem einzigartigen landschaftlichen Charakter und der Gastfreundschaft der Seychellois den Vorstellungen vom Paradies auf Erden sehr, sehr nahe kommt. Für viele Touristen ist es ein einmaliges Erlebnis, gelten die Seychellen doch als ein sehr hochpreisiges Reiseziel. Reisen auf die Seychellen müssen aber nicht immer teuer sein. Abseits mondäner Hotelanlagen entstehen in dem Inselstaat vor der Küste Afrikas immer mehr kleine Guesthouses, die sich auf einen preiswerten, familiären Urlaub spezialisiert haben. 2005 wurde vom Seychelles Tourism Board (STB) das Seychelles Secrets Projekt ins Leben gerufen. Es will die kleinen Hotels und Gästehäuser auf den Seychellen stärker fördern. Alle Gästehäuser werden anhand eines Kriterienkataloges einheitlich bewertet. Der Gast kann somit in jeder kategorisierten Unterkunft garantierte Qualitätsstandards hinsichtlich Service und Komfort erwarten. Mit den „Seychellen-Geheimnissen" werden Urlauber mit schmälerem Geldbeutel angesprochen. Bereits jetzt sind mehr als zwei Drittel der verfügbaren Unterkünfte auf den Seychellen Gästehäuser mit weniger als 25 Zimmern. In den nächsten Jahren sollen weitere kleinere Unterkünfte entstehen. Abseits teurer Luxushotels können gerade Selbstversorger so ihr Budget zusammenhalten, da Grundnahrungsmittel und Getränke verhältnismäßig preiswert sind.

Die Seychellen sind mit einem ganzjährig warmen, tropischen Klima gesegnet und daher immer bereisbar. Zu jeder Jahreszeit bieten sich bestimmte Aktivitäten besonders gut an, von denen sicherlich eine Ihrer Urlaubsplanung entsprechen wird. Die beiden gegensätzlichen Monsunwinde bestimmen das Klima: der nordwestliche Monsunwind herrscht von Oktober bis März mit Windgeschwindigkeiten von acht

Kein Klischee aus dem Paradies, sondern Realität der Seychellen: Die Kokosnüsse werden von Hand vom Baum gepflückt, wie hier auf Desroches Island.

bis zwölf Knoten und der frischere südöstliche Monsunwind waltet von Mai bis September mit Geschwindigkeiten von zehn bis zwanzig Knoten. Die Zeit des Monsunwechsels sorgt für relativ warmes, windstilles Wetter im April und Oktober. Die beste Zeit zum Schwimmen, Schnorcheln und vor allem zum Tauchen ist in den Monaten April/Mai und Oktober/November, wenn bei Wassertemperaturen bis zu 29° Celsius die Sicht unter Wasser mehr als dreißig Meter beträgt.

Artenreiche Unterwasserwelt lockt Taucher an

Tauchbegeisterten bieten die Seychellen beeindruckende Erlebnisse. Die *Inner Islands*, eigentlich Gipfel eines Unterwassergebirges, liegen auf einem flachen Plateau mit einer artenreichen Unterwasserwelt und einer Vielzahl hervorragender Tauchstellen. Die *Outer Islands* im Süden des Archipels sind Korallen- oder Sandinseln. Da kaum eine dieser Inseln bewohnt ist, bietet sich dem erfahrenen Taucher die Möglichkeit, eine Welt zu erforschen, die nur wenige Menschen bisher gesehen haben. Schluchten und Schiffswracks, Mantarochen und einige der schönsten Korallen im Indischen Ozean: jeder Tauchgang ist aufs Neue faszinierend. Tauchen an den terrassenförmigen Wänden von Alphonse und Desroches ist ein ganz besonders beeindruckendes Erlebnis, Schildkröten werden gleichermaßen im Wasser gesichtet wie auch an Land, wenn sie zur Eiablage an den Strand kommen. Tauchern und Tauchinteressierten wird mit dem Unterwasser-Film- und Fotofestival SUBIOS (Sub Indian Ocean Seychelles) die unglaubliche Unterwasserwelt der Seychellen vorgestellt. Es bietet ein Forum für Erfahrungsaustausch, Wettbewerbe und Präsentationen von Fotos und Filmen. Ziel ist es auch, die einheimische Bevölkerung für die Schönheit und den Schutz der Unterwasserwelt zu sensibilisieren.
Beim jährlichen Kunstfestival, dem Seychelles Arts Festival, erleben Besucher Ausstellungen einheimischer Künstler. Es gibt Workshops in denen man eines der traditionellsten Instrumente der Seychellen, die Sega-Trommel (tanbour sega) und die Moutya-Trommel (tanbour moutya) spielen lernen kann. Die Veranstaltung „Sound of Seychelles“ ist eine musikalische Show mit Tanzeinlage und Theateraufführungen mit einheimischen Geschichten und Gedichten. Zum „Gourmet-Abend“ können Gäste die Krea-

Der wohl meistfotografierte Strand der Seychellen, wenn nicht des ganzen Indischen Ozeans, ist die Anse Union am Pointe Source d'Argent auf La Digue. Immer wieder sind hier Modefotografen mit Modells anzutreffen, die Fotos für einen Katalog schießen.

tionen ausgewählter Chefköche aus einheimischen Hotels probieren. Die jährliche Veranstaltung im Frühjahr wird durch das National Arts Council in Zusammenarbeit mit dem Ministerium für Regionalentwicklung, Jugend, Sport und Kultur organisiert. Ziel ist es, durch praktische Aktivitäten, Ausstellungen, Performances, Foren und Workshops alle interessierten Seychellois einzubeziehen und den künstlerischen Ausdruck der Einheimischen zu fördern. Bei den Besuchern sollen größeres Verständnis und Anerkennung für zeitgenössische Kunst durch Informationen und Diskussionsbeiträge gefördert werden. Das Event ist Plattform für die gesamte zeitgenössische Kunstszene der Seychellen.

Ganzjährig finden immer wieder Veranstaltungen statt, für kulturinteressierte Urlauber ist einiges dabei. Das Strandleben ist und bleibt aber das Highlight der Seychellen. Die paradiesische Inselwelt im Indischen Ozean ist eines der schönsten Reiseziele weltweit und wenn die Regierung weiter so engagiert den Naturschutz vorantreibt, wird dies wohl auch so bleiben. Wer im Urlaub Animation am Strand und Nachtleben in Diskotheken und Bars sucht, für den sind die Inseln sicher nicht erste Wahl. Aber sie sind eine erste Adresse für Naturliebhaber und Individualisten, für Taucher oder Wassersportler, für Luxusreisende und Weltenbummler, für Stars oder Sternchen, und vielleicht auch für Sie.

Seite 22/23: *Der Ave Maria Rock bei Praslin kann nicht betreten werden, wird aber von Ausflugsbooten und Tauchschiffen angelaufen.*

Seite 24/25: *Abendstimmung am berühmtesten Strand der Seychellen, die Anse Union am Pointe Source d'Argent. Der Blick geht zur Nachbarinsel Praslin.*

Mahé und Sainte Anne – im Zentrum der Seychellen

Eines der Tophotels der Seychellen ist das Banyan Tree Hotel an der Anse Intendance auf Mahé. Strand und Pool sind gleichermaßen wunderschön und nur wenige Gäste brauchen sich diesen Platz zu teilen.

Mahé ist 28 Kilometer lang, 8 Kilometer breit und mit Abstand die größte Insel des Seychellen-Archipels. Als wirtschaftliches und kulturelles Herzstück befinden sich hier der internationale Flughafen und die Hauptstadt Victoria. Die Insel ist der Transportknotenpunkt für Tagesexkursionen zu den Nachbarinseln und Ausflüge zu den entfernteren Eilanden. Alle planmäßigen Inlandsflüge mit der nationalen Fluglinie Air Seychelles starten von Mahé aus. Es gibt Unterkünfte aller Kategorien, von kleinen Gästehäusern bis zu Fünf-Sterne-Luxusherbergen.

Touristisches Zentrum ist Beau Vallon im Norden der Insel. Wer im Urlaub Wert auf Abwechslung legt, vielleicht mal Jet-Ski fahren möchte oder in einem Club tanzen will, ist hier richtig. Der Süden ist einsam, hier liegen die faszinierenden Strände Anse Takamaka und Anse Intendance, abendliche Unterhaltung gibt es nur im Hotel. Größte Attraktion von Victoria, eine der kleinsten Hauptstädte der Welt, ist der tägliche Markt mit allen landwirtschaftlichen Produkten der Seychellen, Gewürzen wie der berühmten Creole-Soße und einer reichen Auswahl an Fisch. Am Clocktower, dem Wahrzeichen der Stadt, warten Souvenirstände auf Besucher. Treffpunkt von Einheimischen und Touristen ist das Restaurant Pirates Arms.

Direkt vor Mahé liegt Sainte Anne, die größte Insel im gleichnamigen Meeresnationalpark. Außer den unzähligen Kokosnusspalmen bewachsen üppige wilde Zimtpflanzen die Hänge, ebenso wie Kasuarina-Bäume und artverwandte Spezies.

2002 wurde das Fünf-Sterne-Hotel Beachcomber Sainte Anne Resort eröffnet. Das Spitzenhotel verfügt über 87 Villen und bietet höchsten Standard. Besonders spektakulär ist in den Abendstunden der Blick vom Strand-Restaurant „Le Robinson“ auf Mahés beleuchtete Hauptstadt Victoria.

Seite 28/29:
Entlang der Südwestküste von Mahé reiht sich ein schöner Strand an den nächsten, wie hier die Anse Takamaka. Das warme Wasser ist kristallklar und Palmen am Ufer spenden Schatten.

Rechts:
An der Südspitze von Mahé liegen die Anse Bazarca und die Police Bay. Wegen starker Strömung sollte hier auf gar keinen Fall gebadet werden.

Unten:
Nur mit dem Mietwagen über eine kleine wunderschöne Straße erreicht man die Anse Bazarca. Selten ist hier jemand anzutreffen, weil Baden nicht möglich ist.

Oben:
Den besten Platz an der Anse Intendance hat die Präsidenten-Villa des Hotels Banyan Tree auf mächtigen Granitfelsen am Nordende des Strandes.

Links:
Entlang der Südküste von Mahé lohnt ein Stopp an jedem Strand und 30 Kilometer Autofahrt können sich so einen ganzen Tag hinziehen.

Linke Seite:
An der Anse Takamaka gibt es ein kleines Guesthouse und ein gutes Restaurant mit einheimischer, kreolischer Küche.

Spektakulärer kann eine Urlaubsvilla kaum liegen: Vom Banyan Tree Hotel sind es nur wenige Meter bis zum Strand, zur Vervollständigung gibt es aber auch einen persönlichen Pool.

In den Abendstunden sind die Gäste des Banyan Tree Hotels in den Restaurants des Haupthauses anzutreffen.

Seite 34/35:
Der Tisch ist festlich gedeckt: Privat Dinner in der Präsidentenvilla des Banyan Tree Hotels mit Blick über die ganze Bucht Anse Intendance.

Oben:
Das Allamanda T-Club Resort liegt an der Ostküste von Mahé am Strand Anse Forbans, nur zwanzig Minuten entfernt vom Internationalen Flughafen.

Rechts:
Die Spa-Villas des Allamanda T-Club Resorts sind bis in die Abendstunden gut besucht. Hier wird auch mit einheimischen Kräutern für Wohlbefinden gesorgt.

Links:
Im Palms Restaurant werden die Tische für die Allamanda-Gäste vorbereitet. Neben der mediterranen und der kreolischen Küche verdient besonders die umfangreiche Weinkarte Aufmerksamkeit.

Unten:
Neben dem einheimischen „Seybrew"-Bier der Seychellen, sind bei den Seychellen-Urlaubern nctürlich besonders die tropischen Cocktails beliebt.

Rechts:
Einheimische und Gäste treffen sich im Urlaubszentrum Beau Vallon in den Abendstunden gerne zum Fußballspiel.

Unten:
Vom Beau Vallon Tourist Area geht es mit dem Ausflugsboot in den Nationalpark Baie Ternay. Gäste können mit Kajaks die einsamen Strände erkunden.

Oben:
Die Catalina, ein großer Katamaran, liegt im Baie-Ternay-Nationalpark vor Anker, während die Tagesgäste Schwimmen, Schnorcheln oder Tauchen.

Links:
Obwohl Beau Vallon das Touristenzentrum der Insel Mahé ist, sind die Strände hier nie überlaufen.

Links:
Ein Privathaus an der Küste vor dem Örtchen Bel Ombre, das wohl ein jeder gerne sein Eigen nennen würde.

Links Mitte:
Häuser aus der Kolonialzeit sind überall auf den Seychellen zu finden.

Links unten:
Das Sunset Beach Hotel an der Nordwestküste von Mahé ist ein Drei-Sterne-Haus mit einem guten Preis-Leistungsverhältnis und einer spektakulären Lage direkt am Wasser.

Unten:
Im 18. Jahrhundert soll in den Bergen von Bel Ombre ein Schatz von unermesslicher Größe vergraben worden sein. Vielleicht auf diesem Grundstück?

Oben:
Das Sunset Beach Hotel liegt direkt am Meer auf einer Felszunge mit feinsandiger Badebucht. Alle 28 Zimmer haben Meerblick.

Rechts:
Am Wochenende sind alle Kinder an den Stränden und spielen stundenlang im Wasser.

Links:
Über 90 Prozent der Bevölkerung sind eher dunkelhäutig und gemischter Abstammung aus afrikanischen und madagassischen Sklaven und europäischen Siedlern.

Unten:
Mahé ist 28 Kilometer lang und acht Kilometer breit und mit 154,7 Quadratkilometern die größte der 115 Inseln der Seychellen. Der größte Teil der Bevölkerung lebt hier.

Linke Seite:
Barfuß mit den Füßen auf Sand: Die Gäste im Augerine Small Hotel sitzen zum Frühstück unter einem riesigen alten Baum.

Buffet im Boat House in Beau Vallon. Die kreolische Küche entstand durch die Verschmelzung verschiedenster Kulturen und ihrer kulinarischen Traditionen.

Der Tourismus ist eine der wichtigsten Einnahmequellen der Seychellen und viele Einheimische finden Arbeit.

Seite 46/47:
Auf dem Weg von Port Glaud nach Victoria hat man einen schönen Blick auf die Bucht Anse L'Islette mit der gleichnamigen kleinen Insel.

Oben:
Stände mit allerlei Kunsthandwerk finden sich in der Hauptstadt Victoria in der Nähe des Clocktowers.

Rechts:
Zehn Kilometer südlich von Victoria lohnt ein Besuch im „Crafts Village“, wo sich günstig lokales Kunsthandwerk erstehen lässt.

Oben:
Noch haben keine großen Supermarkt-Ketten auf den Seychellen Einzug gehalten. Dinge des täglichen Bedarfs werden im Krämerladen gekauft.

Links:
Auch handgearbeitete filigrane Schiffsmodelle können im „Crafts Village“ bei Val des Prés an der Anse aux Pins erworben werden.

Open Studios – zu Besuch bei Künstlern

Dichter Dschungel und wiegende Palmen, tropische Strände und prall gefüllte Märkte, traditioneller Bootsbau und althergebrachter Fischfang – eine exotische Bilderbuchwelt, Inspirationsquelle für Maler, Bildhauer, Schriftsteller und Dichter. Die Schönheit der Seychellen begeistert seit jeher kreative Geister aller Stilrichtungen und zahlreiche Künstler aus aller Welt haben hier ihr Zuhause gefunden. Bei einer Rundfahrt über die Eilande entdeckt der Gast immer wieder Galerien und Ateliers. Die offenen Studios der Künstler heißen Besucher gerne willkommen.

Der Gauguin der Seychellen

Michael Adams ist einer der berühmtesten Maler der Seychellen. Seine Arbeiten finden sowohl hier als auch im Ausland große Beachtung. Seine Kunstgalerie befindet sich in Anse aux Poules Bleues und ist gefüllt mit Seidenmalereien, Aquarellen, Postkarten und Kalendern. Adams wurde 1937 in Malaysia geboren. Seine Kindheit verbrachte er dort und in Tansania. Schon mit 16 Jahren besuchte er eine Kunstschule und von 1958 bis 1961 war er auf dem Royal College of Art in London. Seine Werke sind fantasievoll und detailreich. Adams zeichnet die paradiesische, farbenprächtige Inselwelt der Seychellen und wird deshalb in den Medien gerne als „der Gauguin der Seychellen" bezeichnet. Er lebt von dem Verkauf seiner Siebdrucke, den seine Frau Heather in ihrer kleinen Insel-Galerie organisiert. Informationen zu Michael Adams finden sich auf seiner persönlichen Webseite mit Galerie unter: www.michaeladamsart.com. Seine beiden Kinder, Tochter Alyssa und Sohn Tristan, sind mittlerweile auch in die Fußstapfen ihres Vaters getreten, malen eigene Bilder und verkaufen diese in der gemeinsamen Galerie.

Unter den zahlreichen Künstlern der Seychellen ist neben Adams auch der Bildhauer Tom Bowers eine Berühmtheit. Aus London kommend hat er sich Ende der Achtzigerjahre auf den Seychellen niedergelassen. Seine Skulpturen verkaufen sich weltweit, veranschaulichen die Schönheit und Heiterkeit des Insellebens. Tom arbeitet mit einem zweiteiligen Kunstharz, welches ursprünglich für die US-Raumfahrtbehörde NASA – als Reparatur-Kitt für militärische Zwecke – entwickelt wurde. Es ist eine ungiftige Substanz, leicht gemischt und schnell trocknend, die wie Ton arbeitet und zu einem hohen Grad poliert werden kann, sodass eine sehr glatte Oberfläche entsteht. So fertigt Bowers zuerst eine Original-Skulptur in Harz, die dann zu einer Kunstgießerei gesendet wird, um in Bronze repliziert zu werden. Er ist spezialisiert auf sehr kleine limitierte Auflagen, in der Regel zwischen zehn und fünfzig Stück. Die Preise der Kunstwerke liegen zwischen 100 und 20 000 Euro.

Craft Village und die Schnitzereien von Alberto

Gerne lässt Tom Bowers sich bei der Arbeit über die Schultern schauen. Als Besucher seines Studios oder der Arbeitsstätte eines kreativen Kollegen sollte man aber immer die Privatsphäre der Künstler respektieren und auch nicht enttäuscht sein, wenn einem das Haus mal nicht geöffnet wird. Überall auf den Seychellen leben Künstler und natürlich auch viele traditionelle Kunsthandwerker. Die Arbeiten sind genauso vielseitig und unterschiedlich wie die Inseln selbst. Ihre Objekte gestalten die Artisten aus Kokosschalen oder Kokosfasern, aus Muscheln und Korallen, aus Holz, Bambus oder Metall. Bekleidung, Gold- und Silberschmuck oder Töpferkunst sind zu finden.

An der Ostküste der Hauptinsel Mahé, vielleicht 10 Kilometer südlich von Victoria, lohnt ein Besuch im „Craft Village". Wer sich die teilweise sehr teuren Kunstwerke der berühmten Seychellen-Künstler nicht kaufen, aber gerne preiswert schönes Kunsthandwerk als Souvenir erwerben möchte, wird hier auf jeden Fall fündig. Auf der Insel Praslin bietet der lokale Kunsthandwerker Alberto Durand seine Schnitzereien aus Holz an. Seine Werkstatt und seine kleine Galerie finden sich in der Nähe des Bootsanlegers in Baie Ste. Anne bei der katholischen Kirche. Der Siebzigjährige ist ein Original der Seychellen, viele Einheimische kennen ihn, war er doch der Erste, der als Jugendlicher eine elektrische Gitarre auf den Seychellen besaß und Konzerte gab.

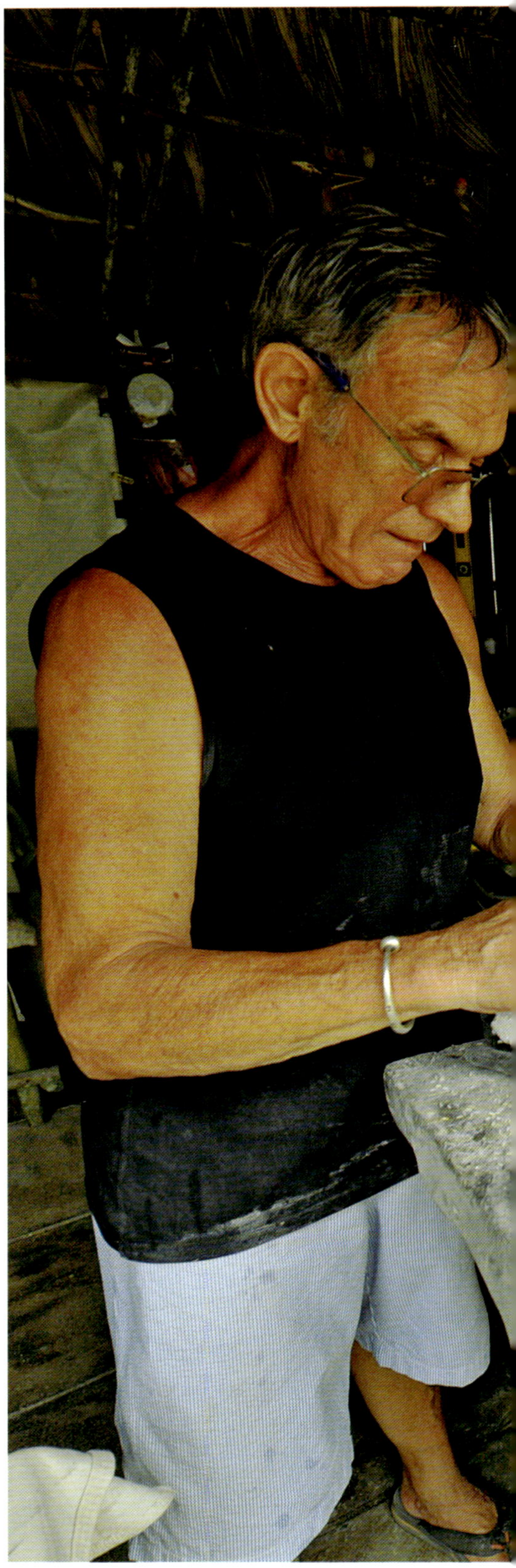

Links: *Der lokale Künstler Alberto Durand vor seiner Werkstatt mit Galerie in Praslin.*

Oben: *Das offene Atelier von Tom Bowers befindet sich in dem Garten neben seinem Haus.*

Bilder rechts, von oben nach unten: *Ein neues Bild entsteht: der Maler Michael Adams in seinem Atelier.*

Tochter Alyssa Adams ist in die Fußstapfen des berühmten Vaters getreten.

Jeden Mittag besucht ein Vogelschwarm das Grundstück von Tom Bowers und wird gefüttert.

Bunte Fische und Schildkröten aus Holz sind die Spezialität von Alberto Durand.

Rechts:
Wer es sich leisten kann, baut sein Haus an der Küste.

Unten:
Die große Mehrheit der Bevölkerung (90 Prozent) ist katholisch, etwa 8 Prozent sind evangelisch.

Oben:
Wassersport im Beau Vallon Tourist Area vor dem Hilton Seychelles Northolme Resort and Spa.

Links:
In der Anse Royale Bay liegt die große Kirche direkt am Wasser. Direkt daneben fahren Fischerboote aufs Meer hinaus.

Links:
Snacks oder Pizza auf die Hand, so verpflegt sich die arbeitende Bevölkerung in Victoria zur Mittagszeit.

Links Mitte:
Nicht viel zu tun für die Polizei in Victoria, einer der kleinsten Hauptstädte der Welt.

Links unten:
Der Clocktower in Victoria (oder „Lorloz" auf Kreolisch) ist das bekannteste Wahrzeichen der kleinen Hauptstadt der Seychellen und fungiert schon seit fast hundert Jahren als Mittelpunkt der Stadt.

Unten:
Victoria ist an einen Berghang gebaut, von dem aus die vorgelagerten Inseln gut zu sehen sind.

Oben:
Buntes Treiben auf dem Wochenmarkt von Victoria.

Rechts:
Hübsch dekoriert sind die Auslagen der kleinen Stände.

Ganz rechts:
An Bananen herrscht hier kein Mangel.

Ganz links:
Kuhreiher laufen über den in den Auslagen der Stände ausgebreiteten Fisch, von dem sie sich Fliegen herunterpicken.

Links:
Ginseng-Knollen, Vanille-Extrakt, Pfeffer, Curry oder Chili – die Gewürze kosten nur wenige Cent.

Ganz links:
Einheimische „Creol Sauce" ist ein beliebtes und preiswertes Mitbringsel.

Links:
Aromatische Zimtstangen von hoher Qualität kann man auf den Wochenmärkten erstehen.

Links:
Die Open-Air-Fischabteilung des Wochenmarktes versorgt Einheimische und Hoteliers.

Oben:
Beim Landeanflug auf Victoria lässt sich auf der linken Seite schon ein Blick auf den Sainte-Anne-Nationalpark werfen.

Rechts:
Mit der Strandtasche oder der Gitarre direkt in den Flieger – bei Air Seychelles kein Problem.

Die Flotte von Air Seychelles setzt sich aus 10 Flugzeugen zusammen: drei Boeing B767-300, zwei Boeing B767-200, zwei SHORT SD 360 Sherpa und drei DHC-6 Twin Otter.

Beim Landeanflug auf Victoria passen auch die Passagiere genau auf.

Unten:
Aus den kleinen Flugzeugen der Air-Seychelles-Flotte kann man die Inselwelt gut aus der Luft beobachten.

Ganz unten:
Das Beachcomber Sainte Anne Resort ist ein Fünf-Sterne-Spitzenhotel mit 87 Villen auf höchstem Standard. Die Lage ist auch nicht zu verachten.

Rechts:
Direkt vor Victoria liegt der Sainte Anne Marine National Park mit dem Beachcomber Hotel und fantastischen Tauchgründen.

Linke Seite:
Das Strandrestaurant „Le Robinson" gehört zum Beachcomber Hotel und ist der Traum eines jeden Romantikers.

29 der privaten Villen des Beachcomber Sainte Anne Resort verfügen über einen eigenen Pool, dieser hier steht aber allen Gästen offen.

Das Beachcomber Sainte Anne Resort bietet nicht nur den wahrscheinlich größten Pool der Seychellen, sondern auch wunderbare Strände.

Praslin und seine Nachbarinseln – die stillen Schönen

Praslin ist die zweitgrößte Insel der Inneren Seychellen. Sie ist etwa 13 Kilometer lang und bis zu fünf Kilometer breit.

Praslin ist mit einer Einwohnerzahl von 8000 die zweitgrößte Insel der Seychellen. Sie liegt 45 Kilometer nordöstlich von Mahé und erstreckt sich über 13 Kilometer bei durchschnittlich 3,7 Kilometern Breite. In gemütlichem Tempo kann man Praslin in circa zwei Stunden mit dem Auto umrunden. Die Insel bietet außerordentlich schöne Strände wie zum Beispiel Anse Lazio und Anse Georgette, die man zur Top Ten der weltbesten Strände rechnet.
Touristisches Zentrum ist die Bucht von Côte d'Or. Neben den Stränden ist die bekannteste Attraktion von Praslin das Naturschutzgebiet Vallée de Mai, welches auch UNESCO-Weltnaturerbe ist. Hoch oben auf uralten Kokosnusspalmen inmitten eines Urwaldes reift hier die Coco de Mer, die schwerste Nuss der Welt.
Praslin ist Ausgangsbasis für Exkursionen zu den Nachbarinseln. Einige dieser Inseln sind wichtige Schutzgebiete für seltene Spezies endemischer Flora und Fauna.
Curieuse liegt vor der Nordostküste von Praslin und ist ein Naturschutzgebiet, welches durch das Seychelles Centre for Marine Technology verwaltet wird. Das Eiland ist außer Praslin die einzige Insel, auf der die Seychellennuss noch natürlich wächst. Es gibt acht verschiedene Mangrovenarten und ein engagiertes Projekt zur Riesenschildkrötenzucht.
Cousin liegt vor der Südwestküste von Praslin, genau neben der Nachbarinsel Cousine. Das Eiland ist ein Naturreservat für einige der seltensten Vögel des Seychellen-Archipels so zum Beispiel des Seychellenrohrsängers und des Seychellendajals.
St. Pierre ist eins von vielen Eilanden in der Bucht von Côte d'Or auf Praslin. Das Inselchen mit den Granitblöcken und Kokosnusspalmen wurde im Laufe der Jahre durch Pressefotografen zu einem Sinnbild der Seychellen.

Linke Seite:
Die Bucht von Côte d'Or ist das touristische Zentrum von Praslin. Der Strand fällt seicht ins Meer ab und ist auch für Familien mit Kindern gut geeignet.

Praslin ist im Landesinnern bergig, die Strände liegen teilweise direkt unter den Berghängen. Höchste Erhebung mit 367 Metern ist der Fond Azore.

Wie fast alle Inseln der Seychellen ist auch Praslin zu einem großen Teil noch naturbelassen und ursprünglich.

Rechts:
Das Vier-Sterne-Hotel Coco de Mer befindet sich inmitten eines 1000 Hektar großen Geländes von natürlicher Schönheit am Rande des Indischen Ozeans. Die Zimmer sind sehr geschmackvoll eingerichtet.

Unten:
In den Black Parrot Suites des Hotels Coco de Mer wurden die Gebäude und Zimmer um die Granitfelsen herum gebaut.

Oben:
Kleine örtliche Reiseveranstalter offerieren an der Côte d'Or Ausflüge über die Insel oder zu Wasser.

Links:
Das Café des Arts war früher die Kunstgalerie der Malerin Christine Harter und ist mittlerweile ein Restaurant, künstlerisch dekoriert.

Coco de Mer – die grösste Nuss der Welt

Lodoicea maldivica – ein Name, unter dem sich wohl kaum jemand etwas vorstellen kann – heißt der erotische Superlativ der Seychellen. Nein, nicht eine Miss Universum oder ein Mister World, die auf den Seychellen geboren sind, ist hier gemeint. Es geht um den größten Samen der Welt, die größte Steinfrucht der Welt, die längsten Blattstiele der Welt und den größten männlichen Blütenstand der Welt. Der wissenschaftliche Name *Lodoicea maldivica* gehört zur Seychellenpalme Coco de Mer, sie produziert die größte und schwerste Frucht der Welt. Eine Kokosnuss, die in ihrer Form an das weibliche Becken erinnert, wegen dieser Eigentümlichkeit auch bekannt als die Seychelles-Erotiknuss.

Die Seychellen beheimaten einige der seltensten Spezies an Flora und Fauna auf der Erde und sind wahrlich ein lebendiges Naturkundemuseum. Fast 50 Prozent der Landmasse stehen unter Naturschutz. Die UNESCO hat zwei Naturdenkmäler auf die Liste des Welterbes gesetzt, das Aldabra-Atoll und das Vallée de Mai auf Praslin. Etwa 6000 Coco-de-Mer-Palmen sind in dem Naturpark Vallée de Mai, einem 19,5 Hektar großen Tropendschungel, beheimatet. Von ihnen sind etwa 880 Pflanzen männlich, 630 weiblich und die übrigen Palmen Jungpflanzen, deren Geschlecht noch nicht bestimmt werden kann. Das Vallée beeindruckt durch sechs endemische Palmensorten sowie viele andere einheimische Baumarten und ist der letzte Lebensraum des bedrohten Vasa-Papageis.

Gewichtsrekord 42 Kilogramm

Die Palme Coco de Mer, die hier im Überfluss wächst, ist die ungekrönte Königin des Parks. Die weibliche Palme, deren Doppelnüsse einem weiblichen Becken, und die männliche Palme, deren Frucht einem Phallus ähnelt, sind nur auf den Seychellen zuhause. Die Palme wächst außerordentlich langsam. Das Geschlecht der Palme kann erst bestimmt werden, wenn die Palme das erste Mal blüht. Bis es dazu kommt, dauert es durchschnittlich 20 Jahre, je nach Wachstumsbedingungen. Die Nüsse sind mit einem Durchmesser von 40 bis 50 Zentimetern und einem Gewicht von 15 bis 40 Kilogramm die größten Samen im Pflanzenreich. Der Gewichtsrekord liegt bei 42 Kilogramm. Keimfähige Samen sind nicht schwimmfähig, lediglich taube Samen können im Meer treiben. Dies erklärt, warum diese Palmenart weltweit nur auf zwei Inseln der Seychellen (Praslin und Curieuse) wächst.

Taube Samen wurden in früheren Zeiten öfters an die Küsten Indiens, der Malediven, Indonesiens oder Ceylons angespült. So wurden bereits vor Jahrhunderten Legenden über die eigenartigen Riesennüsse und die Bäume, auf denen sie wachsen, gebildet. Lange Zeit wurde vermutet, es gäbe nur einen einzigen Baum, der diese Früchte trägt. In den Aufzeichnungen portugiesischer Seefahrer aus dem Jahr 1563 wird die Nuss noch „Coco de Maledives“ genannt, weil man annahm, die Früchte seien dort heimisch. Der wissenschaftliche Name des Baumes erinnert noch heute an diese falsche Annahme.

Die Seychellennuss war eine begehrte Frucht: Im 17. Jahrhundert schrieb der deutsche Kaiser Rudolf II. von Habsburg 4000 Gulden als Belohnung für eine einzige dieser Nüsse aus. Und auch heute noch ist die Meereskokosnuss sehr gefragt und teuer. Nur 750 Nüsse werden durchschnittlich pro Jahr verkauft, für den Export ins Ausland wird eine Ausfuhrgenehmigung benötigt und die Nüsse müssen ein Siegel haben. Einen Besuch des Lebensraumes dieser faszinierenden Frucht im Vallée de Mai sollte jeder Gast der Seychellen einplanen. Für den Rundgang im Tal braucht man etwa drei Stunden. Die Pfade im Park sind ausgeschildert und mit informativen Schautafeln versehen. Vom Gipfel eines Hügels lässt sich das Vallée gut überblicken. Es ist streng verboten zu rauchen, etwas zurückzulassen oder etwas aus dem Vallée de Mai mitzunehmen. Das Naturreservat liegt im Südosten von Praslin und ist täglich geöffnet. Für den Eintritt ist eine Gebühr zu entrichten.

Links: *Im Naturpark Vallée de Mai auf Praslin kann die Frucht auf den Palmen bestaunt werden.*

Oben: *Die Seychellenpalme Coco de Mer produziert die größte und schwerste Frucht der Welt.*

Bilder rechts, von oben nach unten: *Diese Kokosnuss-Art wächst nur auf den Seychellen und ist Wahrzeichen der Inselrepublik.*

Weibliche Frucht und männlicher Blütenstand der Coco de Mer.

Für die Ausfuhr der Frucht wird ein Exportsiegel und eine Bescheinigung benötigt.

Eine nachträglich polierte Nuss, wie sie eher selten zu finden ist.

Links:
Nur knapp 8000 Einwohner leben auf Praslin, die meisten von ihnen entlang der Küste.

Unten:
Vier Kirchen gibt es auf Praslin. Die in Grand' Anse ist die größte.

Ganz unten:
Die Kirchen auf den Seychellen sind von Innen und Außen sehr schlicht.

Rechts:
In der Nähe des Bootsanlegers von Baie Ste. Anne verkaufen die Fischer ihren frischen Fang.

Unten:
Nur Parkplatz am Strand oder dauerhaft ausgedient?

Oben:
Station des Taxibootes an der Côte d'Or. Jeden Tag gibt es Ausflüge zu einer anderen Insel.

Links:
Nach der Schule geht es nachmittags ans Meer.

Seite 76/77:
Die Anse Lazio findet sich oft in Listen der schönsten Strände der Welt. Der Strand ist unverbaut mit weichem, weißen Sand. Schatten spenden einige Takamakabäume.

Ein Segelschiff hat Anker vor dem Ave Maria Rock geworfen. Die Taucher bereiten sich auf einen Nachttauchgang vor.

Die schmucken Katamarane von „Dream Yacht Charter" kreuzen regelmäßig vor Praslin und den Nachbarinseln.

Rechte Seite:
Bei ruhigem Meer ist die Nacht auf dem Wasser der Traum eines jeden Seglers.

NEPTUNE
PORT
VICTORIA

Unten:
Schmale Pfade durchziehen das Naturreservat Vallée de Mai. Es liegt im Landesinneren von Praslin und ist mit einer Buslinie und auf Ausflugstouren zu erreichen.

Rechts oben:
Das dicht bewachsene Tal ist eines der weltkleinsten Nationalparkgebiete. Es wurde 1983 von der UNESCO in die Liste des Weltnaturerbes aufgenommen.

Rechts Mitte:
Jackfrüchte wachsen am Stamm, sind unterschiedlich groß und von einer harten Schale mit kleinen Noppen umgeben. Eine einzelne Frucht kann bis zu 10 Kilogramm schwer werden.

Rechts unten:
Die Fächerblätter der Seychellenpalme sind sehr groß und dunkelgrün glänzend.

Oben:
Cousin Island, vier Kilometer westlich von Praslin, ist ein bedeutendes Rückzugsgebiet für seltene einheimische Tier- und Pflanzenarten.

Rechts und ganz rechts:
Die Feenseeschwalbe „Fairy Tern" hat weißes Gefieder und einen blauschwarzen Schnabel. Wer ganz behutsam vorgeht, kann sie beim Brüten beobachten.

Rechts:
Die Hälfte der 80 Zentimeter Körperlänge des Weißschwanz-Tropikvogels entfallen auf den Schwanz. Er brütet in Nestern am Boden.

Ganz rechts:
Noddy-Seeschwalben sind auf den Seychellen weit verbreitet.

Links:
Curieuse liegt nur etwa einen Kilometer von Praslin entfernt, war früher ein Lepra-Aussätzigenlager und ist Heimat einiger Riesenschildkröten.

Unten:
Ein junger Weißschwanz-Tropikvogel sitzt im Bodennest und wartet auf Futter.

La Digue, Grande Sœur und Coco Island – dem Paradies ganz nahe

Rechts: *Bizarre Felsformationen in weißem Sand prägen das Bild der Granitinsel La Digue, wie hier an der weltberühmten Anse Source d'Argent.*

Seite 86/87: *Mächtige Wellen gibt es sehr häufig an der Grand' Anse. Das Baden ist für geübte Schwimmer zeitweise möglich.*

Die Insel La Digue hat bei Urlaubern weltweit das Bild der Seychellen geprägt. Die Bilderbuchinsel mit den gigantischen Granitfelsen bietet nicht nur zwei der schönsten Strände der Seychellen, die Grand' Anse und die Anse Source d'Argent, sondern auch ursprüngliche Natur und traditionelles Dorfleben. La Digue liegt in der Nähe ihres größeren Nachbarn Praslin sowie Félicité, Marianne und der Sisters Islands; eine Insel, auf der die Zeit fast stehen geblieben scheint und altehrwürdige Sitten wie beispielsweise die Fahrt mit dem Ochsenkarren noch immer hoch im Kurs stehen. Das Leben spielt sich meist in einem gemütlichen Tempo ab. Mit dem Fahrrad lässt sich die Insel am besten erkunden.

Die Bucht Anse Source d'Argent hat den Ruf, der meistfotografierte Strand der Welt zu sein. Mit seinem weichen, weißen Sand, dem türkisfarbenen klaren Wasser und Granitfelsen, die von den Elementen und der Zeit geformt wurden, ist es nicht schwer zu verstehen, warum Fotografen und Filmemacher immer wieder gerne hierher kommen. Das ruhige, flache Meer wird durch ein Riff geschützt. Der weiche Sand unter den Füßen macht das Baden auch für Kinder sicher. Der Zugang zum Strand erfolgt durch die ehemalige Plantage „L'Union Estate" und kostet eine Gebühr.

Beliebt sind Bootsausflüge zu den Nachbarinseln. Die beiden Inselschwestern Grande Sœur und Petite Sœur sind wunderbare Orte zum Baden, Schnorcheln, Wandern und Picknicken. Sie liegen sechs Kilometer nordwestlich von La Digue und ganz in der Nähe zu Félicité und zu Coco Island, das sich inmitten eines Meeresnationalparks herrlich zum Tauchen und Schnorcheln eignet. Auf den Inseln gibt es keine Unterkunftsmöglichkeiten.

Oben:
Wasser und Wind haben die Granitfelsen seit ihrer Entstehung vor über hundert Millionen Jahren rund geschliffen.

Rechts:
Zeitvertreib für Verliebte: Romina und Tom haben einen Palmenwedel gefunden und spazieren damit am Strand.

Oben:
Der Weg zur Grand' Anse führt vorbei an kleinen Siedlungen der Einheimischen und durch einen tropisch anmutenden Garten, bevor man die grandiose Kulisse dieses Strandes erreicht.

Links:
Achtung vor der starken Strömung an der Grand' Anse! Nur am Rand kann man manchmal in den Wellen toben.

Unten:
Das Hotel Château St. Cloud ist eine schöne, gepflegte Anlage auf einer ehemaligen Vanilleplantage und eines der ältesten Häuser auf La Digue.

Rechts oben:
Die 14 Zimmer des Château St. Cloud liegen teils im Hauptgebäude, teils in Gartenbungalows.

Rechts Mitte:
Das Restaurant des renommierten Château St. Cloud bietet kreolische Küche wie kein anderes. Ein paradiesischer Garten umgibt das Restaurant.

Rechts unten:
Das Château St. Cloud liegt im Innern von La Digue, nur fünf Fahrradminuten zur Anlegestelle und zehn Minuten zur Grand' Anse.

Oben:
Eines der typischen alten Wohnhäuser auf La Digue, überall zu finden entlang der Wege.

Rechts:
Simon bietet in seinem Kiosk am Weg zur Grand' Anse frische Säfte, Obstteller und kleine Souvenirs an.

Oben:
Hoch zu Ross durch die ehemalige Plantage L'Union Estate und zum Strand Source d'Argent.

Links:
Mittlerweile gibt es an der Source d'Argent auch einen Obststand. Praktisch für Touristen, die den ganzen Tag hier sind und zwischendurch eine leichte Erfrischung möchten.

Rechte Seite:
Nur wenig mehr als 2000 Menschen leben auf La Digue. Der sonntägliche Besuch der Kirche ist für viele von ihnen selbstverständliche Pflicht.

Rechts:
Nach dem Gottesdienst treffen sich die Frauen noch einmal extra in der Kirche.

Rechts:
Jung und alt kommen fast alle mit dem Fahrrad zum Gottesdienst.

Ganz rechts:
Stets ein offenes Ohr für die Sorgen seiner Schäfchen hat Pater Pere Francis der Gemeinde „Le Curé de La Digue Notre Dame de l'Assomption".

Rechts:
Für den Besuch der Kirche wird das Sonntagskleid ausgewählt.

Kreolor
Creole
Travel Services
24 Hrs NON STO
FASHION
LADIGUE BRANCH

Linke Seite:
Der Hafen von La Passe und der Ort La Réunion gehen ineinander über und bilden die größte Ansiedlung von La Digue.

In La Passe sind eine Bootsanlegestelle, die Touristeninformation und ein paar kleinere Geschäfte zu finden.

Souvenirshop in La Passe: Ein bisschen Shopping nach einem erholsamen Tag am Strand.

Rechts:
Am späten Nachmittag erreicht die letzte Fähre von Praslin den Hafen von La Passe. Schnell ist alles Gepäck verladen und es kehrt wieder Ruhe ein.

Links:
Der Strand des Hauptortes La Réunion auf La Digue wird überwiegend von Einheimischen besucht.

Der schönste Tag im Leben – Heiraten im Paradies

Now you can kiss your wife" – es ist vollbracht. Der Standesbeamte beendet die Zeremonie und wieder ist ein frisch vermähltes Ehepaar in ein gemeinsames Leben entlassen. Nicht immer ist es leicht für die zahlreichen Paare aus Deutschland, Italien oder Frankreich, die sich hier im Paradies das Ja-Wort geben, der Zeremonie zu folgen. Grundkenntnisse in Englisch gehören zu einer Trauung auf den Seychellen dazu. Doch wer muss schon jeden Satz in aller Einzelheit verstehen, schließlich wissen beide ja, worum es geht und was sie hier wollen. Ein besonderer Tag im Leben, an einem der schönsten Strände der Welt. Überall auf den Seychellen kann man sich trauen lassen, aber hier auf La Digue ist es absolut spektakulär. Ein bis drei Brautpaare täglich sieht der berühmteste Strand der Seychellen, der Source d'Argent, morgens um 10 Uhr ist meist die erste Trauung.

Mit dem Ochsenkarren zur Trauung

Früh am Morgen wird das immer gleiche Fleckchen am Strand für die Zeremonie dekoriert. Der auf La Digue geborene Seychellois Danny Jeanne hat sich mit seinen Hochzeitsarrangements ein kleines Geschäft aufgebaut. Erst wird alles mit Blumen und Palmenwedeln dekoriert, dann holt Danny mit seinem reich geschmückten Ochsenkarren das Paar im Hotel ab. Gemütlich, manchmal auch etwas hinter dem Zeitplan, geht es im Schritt-Tempo zur ehemaligen Plantage Union Estate, hier liegt der Strand nach einem weiteren kleinen Fußmarsch versteckt. Irgendeiner ist dann erst einmal immer zu spät, mal der Fotograf oder der Pfarrer, beide eingeflogen aus Praslin. Zwanzig Minuten dauert die Zeremonie, das Paar und die Zeugen tragen sich in die amtlichen Hochzeitsbücher ein, dann knallen die Sektkorken. Zeit für die obligatorischen Bilder am Strand, Zeit für Danny Jeanne und den Standesbeamten, sich auf die nächste Hochzeit vorzubereiten.

Paare, welche die deutsche Staatsangehörigkeit besitzen und im Besitz gültiger Ausweispapiere sind, können auf den Seychellen heiraten. Die standesamtliche Trauung, die von einem „Registrar" (Standesbeamten) vollzogen wird, wird von deutschen Behörden anerkannt. Die Heiratswilligen müssen vorab folgende Unterlagen einreichen: Fotokopien der Geburtsurkunden und der gültigen Reisepässe (Fotoseite) und eine notariell beglaubigte (auch formlose) Ledigkeitsbescheinigung in englischer oder französischer Sprache, aus der zweifelsfrei hervorgeht, dass die Heiratswilligen nicht verheiratet (das heißt ledig, geschieden oder verwitwet) sind. Bei der Trauung müssen die genannten, vorab eingesandten fotokopierten Papiere im Original vorgelegt werden. Normalerweise muss sich ein Paar in den letzten elf Tagen vor der Trauung auf den Seychellen aufgehalten haben, andernfalls wird eine Sondergebühr in Höhe von etwa 70 Euro fällig. Grundsätzlich ratsam ist es auch, genau festzulegen, welche Kosten von wem zu tragen sind (Fotograf, Musik, Hochzeitsessen …).

Die Trauung kann in Verbindung mit der Reise über Veranstalter gebucht werden, die solche Arrangements speziell anbieten. Wer seine Hochzeit selbst arrangieren will, kann sich aber auch direkt mit dem Registrar, Mr. Labiche, in Verbindung setzen *(Civil Status Office, P.O. Box 430, Victoria, Mahé, Republic of Seychelles, Telefon: ++248 – 29 36 36, Telefax: ++248 – 22 56 60)*. Das Standesamt ist von Montag bis Freitag jeweils von 8 bis 12 Uhr und von 13 bis 16 Uhr geöffnet. Es muss mit einer Bearbeitungszeit von mindestens zwei Monaten gerechnet werden. Das Office auf Mahé organisiert auch für eine Hochzeit auf La Digue alle rechtlichen Belange. Zur Organisation der Ausgestaltung kann man sich mit Danny Jeanne auf La Digue in Verbindung setzen *(Jeanne Services, La Passe, La Digue, Telefon: ++248 – 51 56 74 / ++248 – 23 45 21, E-Mail: dannyjeanne65@yahoo.com)*. Ebenso hilfreich ist auch das Seychelles Tourist Office auf La Digue *(Seychelles Tourism Board, La Passe, La Digue, Telefon: ++248 – 23 43 93, E-Mail: stbladigue@seychelles.sc)*. Bei einem Flug mit der nationalen Fluggesellschaft Air Seychelles werden Brautkleider in entsprechender Verpackung hängend in der Kabine befördert, wenn sie beim Einsteigen den Flugbegleitern übergeben werden.

Links:
Die Eheringe liegen bereit. Alles ist schön dekoriert.

Oben:
Der schönste Tag im Leben von Angela und Roberto Pintore aus Italien ist der 16. Juni 2009.

Bilder rechts, von oben nach unten: *Mit dem bunt geschmückten Ochsenkarren von Danny Jeanne lassen sich Angela und Roberto zur Trauung vom Hotel abholen.*

Noch eine Unterschrift der Trauzeugen, die offiziellen Formulare sind schnell ausgefüllt.

Zwanzig Minuten dauert die Trauung, dann werden die Hochzeitsfotos gemacht.

Auch der Autor und Fotograf des Buches hat auf La Digue geheiratet.

Oben:
In der Traumbucht Source d'Argent. Die Größe der glattgeschliffenen Granitfelsen ist beachtlich, sie wechseln ihre Farbe mit der Sonne.

Rechts:
Das ruhige, flache Meer an der Source d'Argent auf La Digue wird durch ein Riff geschützt. Der weiche Sand unter den Füßen macht das Baden auch für Kinder sicher.

Seite 102/103:
Die Bilderbuchlandschaft der Source d'Argent auf La Digue zieht schon lange Fotografen aus aller Welt an.

Links:
Angeblich wurden an der Source d'Argent die Werbespots für Bacardi-Rum und Raffaelo-Süßigkeiten gedreht.

Unten:
Die Source d'Argent ist – wie alle Strände auf La Digue – eigentlich nie überlaufen. Ein jeder findet ein ruhiges Plätzchen.

Seite 106/107:
Auf keinen Fall dürfen Sie den atemberaubenden und unvergesslichen Anblick der Anse Source d'Argent am Abend verpassen, etwa eine Stunde vor Sonnenuntergang.

Mit dem Motorboot oder dem Segelkatamaran geht der Ausflug von La Digue zur Nachbarinsel Grande Sœur.

Grande Sœur ist eine Privatinsel. Wer sich hier tagsüber zum Entspannen aufhalten will, muss eine Anlandungsgebühr bezahlen.

Rechte Seite:
Die Insel verfügt über zwei wunderbare Strände, von denen dieser hier etwas hart, dafür aber sehr flach und auch für Kinder geeignet ist.

Seite 110/111:
Menschenleer ist der zweite Strand von Grande Sœur, der nach einem kurzen Spaziergang zu erreichen ist. Hier ist der Sand so, wie man ihn sich vorstellt.

Rechte Seite:
Die Fische kommen direkt bis zum Strand von Grande Sœur. Brot zum Füttern bleibt meist vom Lunch im Strandhaus übrig.

Rechts und unten:
Das Füttern der Fische im flachen Wasser kann auch eine Freizeitbeschäftigung sein. Der Besucher braucht keine Unterwasserkamera, um Fische zu fotografieren.

GRANDE SŒUR
NO ENTRY WITHOUT AUTHORIZATION

Oben:
Der Besuch von Coco Island ist ein weiterer beliebter Ausflug von La Digue aus.

Rechts:
Der Coco-Island-Meeresnationalpark formiert sich um drei kleine Inseln inmitten des seichten, türkisfarbenen Ozeans, durchzogen von Korallenriffen, die atemberaubende Schnorchelerlebnisse bieten.

Oben:
Meeresschildkröten sind regelmäßige Besucher. Man kann nur den Strand von Coco Island besuchen, der Rest der kleinen Insel ist unwegsam.

Links:
Das Gebiet um Coco Island ist seit 1996 ein Meeresnationalpark und herrlich geeignet zum Tauchen und Schnorcheln. Auf der Insel gibt es keine Unterkunftsmöglichkeiten.

Desroches Island, Frégate Island und Bird Island – Urlaub ganz privat

Hier machen die Reichen und Schönen unserer Welt Urlaub: auf Frégate Island lebt es sich besonders exklusiv.

„One Island – One Resort“: Urlaub abseits der Masse und auf höchstem Niveau. Nur ein Hotel pro Insel, dem zahlungskräftigen Urlauber vorbehalten, so haben sich die Seychellen ihren Namen als gehobenes Urlaubsparadies gemacht. Insgesamt zwölf Inseln gibt es, die ausschließlich ein einziges Resort haben. Desroches, eine Insel der Amiranten-Gruppe, ist eine von ihnen. Das kleine Eiland ist 5 Kilometer lang und 1,5 Kilometer breit. Hier finden sich 14 Kilometer makellose Strände und üppige Palmenhaine. Wie viele andere Inseln der Seychellen war auch Desroches einst eine Kokosnussplantage. Heute sind die Kokosnüsse Dekoration, einige wenige luxuriöse Villen warten auf den Gast.
Frégate Island befindet sich 55 Kilometer von Mahé entfernt und ist damit die am weitesten entfernte Granitinsel der *Inner Islands*. Frégate war bis zum Ende des 17. Jahrhunderts ein beliebtes Piratenversteck und noch heute kursieren Geschichten über einen Schatz der irgendwo auf der 280 Hektar großen Insel vergraben sein soll. Als eine der teuersten Urlaubsinseln der Seychellen ist Frégate heute Rückzugsgebiet von Schauspielern und anderen Prominenten. Die Villen der Fünf-Sterne-Öko-Lodge liegen direkt am Strand, um so einen ungehinderten Blick auf den Indischen Ozean freizugeben.
Bird Island ist die einzige Koralleninsel der *Inner Islands* und nördlichste Insel der Seychellen überhaupt, in 30 Flugminuten von Mahé zu erreichen. Während der südöstlichen Monsunwinde von Mai bis September kehren Millionen von Rußseeschwalben in ihre Brutstätten auf der Insel zurück. Es gibt wohl kaum eine Insel auf der Welt, auf der mehr Vögel leben und zu beobachten sind, als hier. Die Besitzer setzen sich für aktiven Naturschutz und für nachhaltige Entwicklung im Tourismus ein. Bird Island kann in einem Tagesausflug besucht werden, bietet aber auch 24 Bungalows ohne Fernseher und Telefon.

Von allen Inseln der Amiranten-Gruppe ist Desroches der Hauptinsel der Seychellen, Mahé, am nächsten gelegen, 230 Kilometer in südwestlicher Richtung, und verfügt als einzige über Unterkünfte.

Desroches, nur vier Grad südlich des Äquators gelegen, ist fünf Kilometer lang und 1,5 Kilometer breit, mit ausgedehnten weichen Sandstränden, die sich über 14 Kilometer erstrecken, und kristallklaren Gewässern.

Rechte Seite:
Kostenlos angeboten werden Kanutouren. In den flachen Küstengewässern sind Beobachtungen von Mantas, Walhaien und Meeresschildkröten keine Seltenheit.

Unten:
Auf Desroches können Sie die Seele baumeln lassen und den Alltagsstress schnell vergessen. Der Swimmingpool grenzt direkt an den Strand und ist auch abends eine Augenweide.

Rechts oben:
20 Junior Suites und 28 Villen liegen auf Desroches nur Meter vom Meeresrand entfernt und bilden den luxuriösen Erholungsort.

Rechts Mitte:
Gäste genießen hier kreolische, französische und internationale Gerichte. Besonders empfehlenswert ist der fangfrische Fisch und die erlesene Weinkarte.

Rechts unten:
Das Restaurant „Le Veloutier“ liegt direkt neben dem Swimmingpool und bietet einen schönen Blick auf das Meer.

Rechts:
Desroches Island war früher eine florierende Kokosnussplantage. Heute weiß man nicht mehr, wohin mit den Kokosnüssen.

Unten:
Bei einer Fahrradtour über die Insel kann man das Tierleben gut beobachten. Immer wieder begegnen einem freilebende Riesenschildkröten.

Oben:
Heute grillt das Küchenteam Steaks und Lobster an einem der Strände zum Lunch.

Links:
Desroches Island wird von zahlreichen Gärtnern gepflegt, vieles Schöne bleibt dabei naturbelassen.

Rechts:
Unterwegs zur 50 Kilometer östlich von Mahé liegenden Frégate-Insel, der am weitesten entfernten Granitinsel der Inner Islands.

Unten:
Frégate Island Private ist eine luxuriöse Fünf-Sterne-Öko-Lodge und hat sich durch den exquisiten Komfort zum Geheimtipp unter Hollywood-Stars entwickelt.

Oben:
Die Anse Victorin auf Frégate hat einen bezaubernden weißen, puderweichen Strand, ist von üppiger Vegetation und Granitfelsen und von glasklarem Wasser umgeben.

Links:
Die 16 Luxusvillen von Frégate Island bieten ein absolut privates Inselerlebnis mit extravagantem Dekor und Komfort, perfekt für alle, die Ruhe und Zurückgezogenheit suchen.

Island Hopping – unterwegs von Insel zu Insel

Mit den schönsten Stränden und der kleinsten Hauptstadt der Welt, mit der größten Zahl lebender Riesenschildkröten und mit Nationalparks und Naturreservaten sind die Seychellen im Indischen Ozean das Insel- und Urlaubsparadies schlechthin. „Island-Hopping", das Springen von Insel zu Insel auf der Suche nach den besten und einsamsten Stränden macht hier besonders viel Spaß. Ausgangspunkt der Touren ist meist die Hauptinsel Mahé. Stopps auf La Digue, Praslin, Cousin, Curieuse gehören zum Standardprogramm, gelegentlich gibt es aber auch weite Touren bis hin zum Aldabra-Atoll.

Zwei nostalgische Zweimast-Segelschoner sind die beliebtesten Boote zum „Hüpfen zwischen den Inseln". Die Sea Pearl und die Sea Shell wurden bereits vor über 80 Jahren auf einer holländischen Werft gebaut und zunächst als Fischkutter beziehungsweise Lotsenboot eingesetzt. Nach einer Komplettrenovierung im Jahr 1985 diente die heutige Sea Shell bis 1996 als Segel-Schulschiff. Danach folgte eine erneute Modernisierung der Technik und Generalüberholung, und seit 1997 schippert das nostalgische Schiff unter seinem jetzigen Namen durch die Seychellen. Die Sea Pearl wurde ursprünglich in den Gewässern des Mittelmeers, der Karibik und in Kanada für Touristen-Segeltörns eingesetzt. 1999 wurde sie erneut renoviert und fährt seitdem durch das Archipel. Die Kabinen an Bord der beiden Schiffe sind klimatisiert.

Als erster Anbieter für das Inselhüpfen wurde im Jahr 1997 die Eigner-Firma Silhouette Cruises Ltd. ins Leben gerufen und begann mit der Sea Shell Kreuzfahrten auf den Seychellen zu etablieren. Als Reaktion auf die steigende Nachfrage nach diesen außergewöhnlichen Kreuzfahrten folgte 1999 der Kauf des Schwesterschiffes, der Sea Pearl. Danach haben Silhouette Cruises Ltd. noch zwei weitere moderne und luxuriöse Segeljachten eingeführt. Es sind die Sea Star und die Sea Bird, die beide in der Lage sind, größere Distanzen zu überwinden und auch abgelegenere Ziele zu erreichen. Die vier Schiffe folgen normalerweise standardisierten Kreuzfahrtprogrammen zwischen den Inneren Inseln, können aber auch für maßgeschneiderte Fahrten zwischen allen Inseln der Seychellen gebucht werden. Die Schiffe haben ein bis zwei Kajaks an Bord und verfügen über genügend Tauchausrüstungen, PADI-Tauchlehrer gehören zur Crew.

Weitere Informationen findet man unter:
www.seychelles-cruises.com

Traumhafte Touren mit dem Katamaran

Bei einem weiteren Anbieter von Segeltörns ist der Name Programm: „Dream Yacht Charter" offeriert traumhafte Touren auf dem Segelkatamaran. Dieses Unternehmen spricht die Klientel der Segler an, wenngleich kein Gast wirklich Segelerfahrung besitzen muss. Wer will, kann sich aber gerne an der Arbeit mit den Segeln beteiligen. Auch die Schiffe von „Dream Yacht Charter" operieren überwiegend im Bereich der Inneren Seychellen. Die Flotte besteht aus 30 Booten, ausgerüstet für Bequemlichkeit und Sicherheit. Luxuriös sind die Catana und die Privilege, versehen mit Generator, Klimaanlage und Wasserentsalzungsanlage. Mehr als 70 Prozent der Schiffe der Dream-Yacht-Flotte sind noch keine drei Jahre alt. Die Kreuzfahrten werden „pro Kabine" angeboten und beginnen jeden Montag und Freitag von der Dream Yacht Marina auf Praslin oder von der Angel Fish Marina auf Mahé.

Wie bei „Silhouette Cruises" steht auch bei „Dream Yacht Charter" das Entdecken der Seychellen an erster Stelle. Selten wird länger als zwei Stunden am Tag gesegelt. Es gilt, den einzelnen Inseln Besuche abzustatten, dort dann zu schnorcheln und zu baden oder zu wandern. Während die Gäste so ihrem Vergnügen nachgehen, bereitet die Crew das Essen vor. Klar, dass bei den Köchen an Bord der frisch gefangene Fisch die erste Wahl ist. Wirklich eine angenehme Art und Weise auf den Seychellen unterwegs zu sein. Erfahrene Segler können bei „Dream Yacht Charter" im Übrigen auch ein Boot ohne Crew mieten, um die Inselwelt vollkommen auf eigene Faust kennenzulernen.

Weitere Informationen findet man unter:
www.dreamyachtcharter.com
www.paradise-cruise-consult.de

Links:
„Silhouette Cruises" wurde 1997 gegründet, um Chartertouren auf den Seychellen anzubieten.

Oben:
Mit der SV Sea Star von „Silhouette Cruises" bei gutem Segelwetter auf Inseltour.

Bilder rechts, von oben nach unten: *Vor Anker im Baie-Ternay-Nationalpark ist Zeit für ein Sonnenbad.*

Die SV Sea Pearl von „Silhouette Cruises“ ist ein alter holländischer Schooner.

Der Koch zaubert die verschiedensten kreolischen und internationalen Gerichte.

Die größte Kabine an Bord der SV Sea Star wird gerne von Honeymoonern gebucht.

Links: *Abendstimmung an Bord des Motorseglers.*

Links Mitte: *Der mobile Außengrill wird fürs Abendessen angeheizt.*

Links unten: *„Dream Yacht Charter“ ist ein weiterer Anbieter für das „Island Hopping“.*

Unten:
Am Abend wirft die SV Sea Star in den schönsten Buchten den Anker aus.

Oben:
Noch ein letzter Blick auf Desroches Island, bevor es wieder zurück zum Transportknotenpunkt Mahé geht.

Rechts:
Der Anflug auf Desroches Island sieht heikel aus, für die Piloten ist dies aber kein Problem.

Oben:
Anflug auf Bird Island. Die Insel liegt 100 Kilometer nördlich von Mahé und ist in 30 Flugminuten zu erreichen.

Links:
Die Air-Seychelles-Maschine parkt direkt vor der Bird Island Lodge im Garten.

Oben:
Bird Island ist die nördlichste Insel der Seychellen. Früher hieß sie Ile aux Vaches, wegen der Dugongs (Seekühe), die in diesen Gewässern lebten.

Rechts:
In den frühen Siebzigerjahren wandte sich Bird Island dem Öko-Tourismus zu. Mit seinen verschiedenen Schutzprogrammen hat sich die Bird Island Lodge zu einem der erfolgreichsten Ökotourismus-Projekten auf den Seychellen entwickelt.

Oben:
Von Mai bis September kehren Millionen von Rußseeschwalben an ihre Brutstätte auf die Insel zurück.

Ganz links:
Auch zahllose Noddy-Seeschwalben brüten auf Bird Island. Zwischen den Zehen haben die Vögel Schwimmhäute.

Links:
Eine Feenseeschwalbe sitzt in einem von den Biologen angefertigten Brutnest. Die Vögel auf Bird Island kennen kaum Angst und Scheu.

Links und ganz links:
Außerhalb der geschützten Rußseeschwalben-Kolonie dürfen sich die Besucher auf Bird Island fast überall frei bewegen, sollen aber nicht zu nahe an die Nester treten.

Register

Bird Island
(Île aux Vaches)
Île du Nord
Anse Mondon
Silhouette
La Passe
Mont Dauban 740m
Grand Barbe
Île Desroches

Curieuse
Curieuse Marine NP
Leprosarium
Anse Boudin
Baie Curieuse
Anse Kerlan
Anse Possession
Anse Volbert
Cousin
Grand'Anse
Vallée de Mai NP
Anse La Blague
Cousine
Fond Azore 367m
Baie Ste. Anne
Praslin
Ronde
La Réunion
La Digue 333m
La Digue
Pointe Jacques
Les Soeurs
Petite Soeur
Grande Soeur
Cocos
Félicité
Marianne
Indischer Ozean
Île aux Récifs
Frégate
North Point
Machabée
Vista do Mar
La Retraite
De Quincy Village
Sainte Anne
Baie Beau Vallon
Beau Vallon
Victoria
Ste. Anne Marine NP
Moyenne
Longue
Morne Seychellois 905m
Plaisance
Île au Cerf
Le Rocher
Morne Seychellois NP
Cerf Passage
Fairview
Port Glaud
La Misère
Cascade
Île Anonyme
Grand'Anse
Pointe La Rue
Montagne Planeau 668m
Anse aux Pins
Anse Boileau
St. Joseph
Boileau Bay
Anse Louis
Pointe au Sel
Anse à la Mouche
Anse Royal
Val Mer
Pointe Lazare
Baie Lazare
Takamaka
Quatre Bornes
Pointe Police
Cap Malheureux
Île aux Vaches
Île Denis
Praslin
Silhouette
Frégate
African Banks
Mahé
Inner Islands
Amirantes Group
Rémire
D'Arros
St. Joseph Atoll
Sand Cay
Île Desroches
Étoile
Poivre Atoll
Île Plate
Boudeuse
Desnoefs
Marie Louise
SEYCHELLEN
Outer Islands
Alphonse
Bijoutier
St. François
Coëtivy
Alphonse Group
Aldabra Group
Farquhar Group
Aldabra Atoll
Malabar
Cosmolédo Atoll
Providence
St. Pierre
Providence Atoll
Grande Terre
Bancs Providence
Menai
Grande Île
Assomption
Astove
Farquhar Atoll
Île du Nord
Île du Sud
200 km

Im Takamaka-Kiosk auf La Digue wird auch gesungen, die Snacks und gekühlten Getränke sind allerdings besser.

Impressum

Buchgestaltung
www.hoyerdesign.de

Karte
Fischer Kartografie, Aichach

Printed in Germany
Repro: Artilitho, Lavis-Trento, Italien – www.artilitho.com
Druck und Verarbeitung: Offizin Andersen Nexö, Leipzig

ISBN 978-3-8003-4074-3

Danksagung
Thomas Haltner bedankt sich für die Unterstützung bei: Air Seychelles, den Hotels Banyan Tree, Tclub, Augerine Small Hotel und Sunset Beach auf Mahé, Hotel Coco de Mer auf Praslin, Hotel Chateau Cloude auf La Digue, dem Beachcomber Sainte Anne Resort, dem Desroches Island Resort, Fregate Island und Bird Island, Silhouette Cruises und Dreamyacht Charter.
Sein besonderer Dank für ihre Unterstützung gilt nicht zuletzt Edith Hunzinger und Sue Schneider vom Seychelles Tourist Board in Frankfurt sowie den Freunden und Partnern von den Seychelles Tourist Boards auf Mahé, Praslin und La Digue.

Unser gesamtes Programm finden Sie unter:
www.verlagshaus.com